# Michael Moos

## Hunde halten, aber vernünftig und vertrauensvoll !

# Hunde halten, aber vernünftig und vertrauensvoll !

## Vorwort

Liebe Leser/Innen,

unter einer vernünftigen Hundehaltung verstehe ich, das der Hundehalter auf die Bedürfnisse des Hundes eingeht und diesen als das betrachtet was er ist, nämlich ein Tier, und den Hund daher nicht vermenschlicht, was meiner Meinung nach viel zu oft der Fall ist.

Leider kommt es immer öfter vor, das Hunde unüberlegt angeschafft werden, kaum erzogen sind und oft ihrem Besitzer „über den Kopf" wachsen und dann nicht selten später im Tierheim landen.

Aber auch bei Hundebesitzern, welche schon vorher einen Hund oder sogar mehrere Hunde gehabt haben, kommt es vor, dass der „neue" Hund schlechter erzogen ist als der/die früheren Hunde.

Oft werden statt einem Hund wie früher jetzt auch zwei oder sogar drei Hunde gehalten und statt besser ist alles schlechter geworden.

Ein Hund im Haus kostet Zeit, Arbeit und Geld, bei einem großen Neufundländer sicher mehr als bei einem kleinen Jack Russel Terrier, aber auch oder gerade der letztgenannte stellt seine Ansprüche an den Besitzer, denn er braucht viel Action, um sich auslasten zu können, während der große Hund meist ruhiger im Haus ist, aber dafür mehr Dreck hereinbringt und mehr Fellpflege benötigt.

Ich bin der Meinung, das man sich wegen der Anschaffung eines Hundes zuerst in einem Tierheim oder bei einem der zahlreichen Tierschutzvereine umschaut.

Dort kann man sich vielleicht auch erst einmal als Gassigänger betätigen, wenn man noch wenig Erfahrung mit Hunden besitzt.

Wenn Sie sich aber für eine ganz bestimmte Hunderasse entschieden haben und keinen solchen Hund aus „Zweiter Hand" finden können, wenden Sie sich bitte an den VdH, der ihnen sicher einen oder mehrere gute Züchter der von ihnen gewünschten Hunderasse nennen kann.


Michael Moos

## Grundsätzliche Überlegungen vor der Anschaffung eines Hundes

Vor der Anschaffung eines Hundes sollten Sie sich erst einmal in Ruhe genau überlegen, ob Sie überhaupt in der Lage sind, den Ansprüchen eines Hundes gerecht zu werden, vor allem natürlich, wenn Sie bisher noch keinen Hund hatten.

Wenn Sie nicht alleine leben, sollten alle Familienmitglieder an der Entscheidung für einen Hund beteiligt sein.
Niemals sollte ein Hund nur für die Kinder angeschafft werden, denn die meistens Kinder und Jugendlichen haben neben der Schule noch andere Interessen sowie in der Regel mehrere Freunde.
In vielen Fällen bleibt dann die Hauptarbeit mit dem Hund an der Frau des Hauses hängen, vor allem, wenn der Mann berufstätig ist.

Als Alleinstehender darf man nicht den ganzen Tag über berufstätig sein, wenn man einen Hund bei sich aufnehmen will, es sei denn, man ist selbständig und arbeitet überwiegend zu Hause oder man kann den Hund mit in das Büro nehmen.
Wenn man bisher noch keinen Hund hatte, sollte man sich noch einmal genau überlegen, warum man überhaupt einen Hund haben will.

Möchte ich einen Partner, weil ich einsam bin, brauche ich ein Prestigeobjekt, weil es zunehmend in Mode kommt, einen Hund zu halten, wenn möglichst noch dazu eine ausgefallene, seltene Rasse ?

Oder möchte ich mit dem Hund Hundesport betreiben, vielleicht sogar professionell – ich warne davor, einen Hund nur als Sportgerät anzuschaffen, viele dieser Hunde landen später in den Tierheimen, wenn sie die Erwartungen ihrer Besitzer nicht erfüllen oder sich deren Interessen geändert haben.

Vor allem junge Menschen, oft sind es Mädchen im Alter zwischen 14 und 18 Jahren möchten gerne mit dem Hund Agility oder andere  in Mode gekommenen Hundesportarten wie z.B. Dog Dancing betreiben.

Dann wird z.B. ein Border Collie angeschafft, doch zwei, drei Jahre später geht die junge Dame studieren oder hat einen Freund, ihre Interessen haben sich gewandelt und der Hund ist nur noch lästig.

Man hat keine Zeit mehr für den Hund, dieser ist unterbeschäftigt und wird im schlimmsten Fall vielleicht noch neurotisch.
Dann landet solch ein Hund schnell im Tierheim und hat nur noch wenige Chancen, einen neuen Besitzer zu finden, der den Ansprüchen des Tieres gerecht werden kann.

Nicht zu unterschätzen ist auch der notwendige Pflegeaufwand, vor allem bei großen Rassen mit langem oder dichtem Fell.
Diese Hunde, z.B. Golden Retriever oder Berner Sennenhunde bringen sehr viel Dreck mit in die Wohnung, verlieren eine Menge Haare und lieben das Planschen im Wasser und Schlamm.

Und wie ist das überhaupt, wenn sie einmal für längere Zeit  in Urlaub fahren wollen, darf der Hund dann mit fahren und richten Sie sich mit ihren Urlaubsplänen nach dem Hund oder lieben Sie die südliche Sonne oder exotische Ferienziele ?
Dann muss eine passende Unterkunft für den Hund gefunden werden – und das verursacht zusätzliche Kosten.

Wobei wir bei den Kosten einer Hundehaltung wären, die man nicht unterschätzen sollte.
Zunächst einmal haben wir beim Welpen vom Rassezüchter  einen Kaufpreis zu zahlen, der um die 1000,00 Euro oder sogar mehr betragen wird.

Beim Hund aus „Zweiter Hand" entrichten wir beim Tierheim oder bei einem Tierschutzverein eine Spende, welche meistens zwischen 100,00 und 300,00 Euro liegen wird, je nach den Kosten, welche der Tierschutzverein mit dem Tier hatte.

Ist der Hund bei uns eingezogen, müssen wir ihn bei der Stadtverwaltung anmelden, die Hundesteuer wird fällig. Diese fällt bei den Kommunen sehr unterschiedlich aus, in größeren Städten wird sie mehr kosten als auf dem Lande.

Auch kommt es heutzutage auf die Rasse an, sogenannte „Kampfhunde" und deren Mischlinge kosten ein Vielfaches an Hundesteuer als ein „normaler" Hund. Hinzu kommen noch Kosten für die Haltereignungsprüfung und einen Wesenstest.

Aus diesem Grund sind unsere Tierheime heute voll von solchen Hunden, da kaum noch jemand solche Kosten übernehmen will bzw. kann.

Bei zwei Hunden kommt dann meist noch ein Aufschlag dazu, für jeden weiteren Hund ebenfalls, so möchten die Gemeinden die Hundehaltung eindämmen.

Als nächstes sollte man eine Haftpflichtversicherung abschließen, denn schnell kann ein Schaden in beträchtlicher Höhe entstehen. Kosten hier etwa 50,00 bis 100,00 Euro im Jahr – für sogenannte Kampfhunde können diese höher sein.

Ein Hund muss auch jährlich gegen Tollwut, Staupe, Leptospirose, Parvovirose und Hepatitis vom Tierarzt geimpft werden, das kostet bei einer fünffachen Impfung ca. 50,00 – 80,00 Euro.

Wird der Hund einmal ernsthaft krank (Herzerkrankungen sind relativ häufig, vor allem wenn er älter wird, Diabetes gibt es auch beim Hund oder im höheren Lebensalter Arthrose), kann das ebenfalls ins Geld gehen.

Größere Operationen kann so mancher Hundehalter mit bescheidenem Geldbeutel heutzutage kaum noch bezahlen.

Für jüngere und gesunde Hunde gibt es auch die Möglichkeit einer Krankenversicherung, aber ob sich das finanziell lohnt, muss man genau abwägen.
Ein Hund braucht natürlich eine gewisse Grundausstattung an Utensilien, dazu gehören erst einmal ein passendes Halsband und eine Leine, dann einen oder mehrere Liegeplätze in Form von Hundekörben, Decken oder ähnliches.

Dann braucht ein Hund, besonders wenn er jünger ist, ein oder mehrere Spielsachen, vor allem Retriever benötigen ständig etwas zum herumtragen, z.B. ein Knotenseil. Viele Retriever schleppen auch ständig ihre Decken durch die Wohnung.

Daneben benötigt man noch diverse Pflegeutensilien wie Bürsten, Futter- und Wasserschüsseln und eine gute Zeckenzange.

Es kommen die Futterkosten hinzu, in der Regel genügt ein gutes Trockenfutter, eventuell ergänzt mit Dosenfleisch.
Bei reiner Dosennahrung wird es natürlich teurer, hier bezahlt man allerdings gutes Geld für viel Wasser, vor allem bei den billigeren Sorten.

## Ein Welpe von einem  Hundezüchter
## oder lieber ein Hund aus „Zweiter Hand" ?

Wenn es der erste Hund für Sie ist, müssen Sie zunächst diese Entscheidung treffen.

Hundebesitzer, die bereits einen Rassehund hatten, mit dem Sie zufrieden waren, entscheiden sich oft wieder für die gleiche oder eine ähnliche Rasse, z.B. der ehemalige Besitzer eines Golden Retrievers nun für einen Labrador Retriever, weil ihm der langhaarige Golden Retriever  zu viel Dreck in die Wohnung gebracht hat.

Aber Achtung, auch kurzhaarige Rassen verlieren Haare und manche von ihnen „nadeln" regelrecht, d.h. diese Haare bekommt man nur sehr schwer aus Polstermöbeln, Autositzen oder der Kleidung heraus.

Bei der Auswahl einer bestimmten Rasse sollten Sie nicht nur nach dem äußeren schauen, sondern genau überlegen, ob diese Rasse auch wirklich zu ihnen passt.

Zu einem eher gemütlichen Menschen passt nun einmal kein Laufhund wie ein Dalmatiner und auch kein Arbeitshund wie ein Border Collie. Ein sportlicher Mensch dagegen kann mit einer Bulldogge wahrscheinlich sehr wenig anfangen.

Wie sieht es mit den Platzverhältnissen aus, haben Sie eine kleine oder große Wohnung, steht Ihnen ein Garten oder ein Hof zur Verfügung?

Wobei man das Vorhandensein eines Gartens nicht überbewerten sollte, denn ein Hund muss trotzdem genügend Auslauf bekommen und die Vielfalt der Gerüche in seiner näheren und weiteren Gegend täglich kennen lernen, damit er nicht abstumpft.
In manchen Fällen, extrem schlechter Witterung wie Starkregen oder Glatteis, bei einem Unfall oder Erkrankung, ist es vorteilhaft, über einen Garten zu verfügen.

Es sitzen genügend Rassehunde in den Tierheimen und auf den Pflegestellen der Tierschutzvereine, so dass man seine Lieblingsrasse auch hier finden kann.
Oft wird es ein Mischling sein, den man sich aus dem Tierheim oder von einem der vielen Tierschutzvereine zu sich holt.

Ein Mischling ist einzigartig und oftmals auch ein bildschöner Hund. Manche sehen sogar reinrassig aus, während so mancher reinrassige Hund von Laien für einen Mischling gehalten wird.
Vergessen Sie also ein eventuell vorhandenes Vorurteil, das ein reinrassiger Hund mehr wert ist als ein Mischling !

Oftmals, wenn auch nicht immer, ist ein Mischling gesünder und in seinem Charakter gefestigter als ein Rassehund, vor allem, wenn es Mischlinge von Mischlingen von Mischlingen usw. sind.

Natürlich, wenn die Mischung von zwei reinrassigen Tieren stammt und einer davon z.B. stark an HD (Hüftdysplasie) leidet, dann ist die Wahrscheinlichkeit schon groß, das die Nachkommen auch darunter leiden.

Bei Rassehunden, die zur Zeit in Mode sind, besteht immer die Gefahr, das man einen Hund mit negativen Erbanlagen erhält, weil mit zu wenig Deckrüden gezüchtet wird und schlechte Gene öfters weiter vererbt werden, vor allem, wenn nur nach Schönheit gezüchtet wird.

## Soll es ein Rüde sein oder eine Hündin ?

Rüden sind meistens größer und kräftiger als Hündinnen, haben also auch mehr Kraft, was sich z.B. beim Spazieren gehen an  der Leine auswirken kann, wenn der Hund stark zieht, vor allem bei Gegenverkehr mit einem anderen Hund oder bei Katzen und Wildkontakt. Oftmals sind sie auch stürmischer und damit anstrengender zu führen als eine Hündin.

Vor allem, wenn sie nicht kastriert sind, können sie zum streunen neigen, besonders wenn irgendwo in der Nachbarschaft eine Hündin läufig geworden ist.

Auch kann es vorkommen, dass ein Rüde aus „Zweiter Hand" die Rangordnung am Anfang eher in Frage stellt als eine Hündin und er daher von Ihnen unbedingt gezeigt bekommen muss, wer der „Herr im Haus" ist.

Fängt ein Rüde eine Rauferei mit einem Artgenossen an, geht es meistens recht lautstark zu, aber von vielleicht einigen Kratzern und kleinen Bisswunden (Bisswunden immer von einem Tierarzt begutachten lassen !) abgesehen, geht es meistens gut aus bei solchen Rangeleien, es ist in der Regel eher ein Kräftemessen um die Rangordnung.

Bei Hündinnen dagegen kann es da schon einmal ernster zur Sache kommen, vor allem wenn eine oder sogar beide Hündinnen läufig sind. Dann können ernsthafte Verletzungen vorkommen, weil Hündinnen schneller richtig zubeißen als Rüden.

Man sagt den Hündinnen nach, dass sie anschmiegsamer und leichter zu erziehen sind als Rüden, aber das kann ich nicht immer bestätigen.

Bei Hündinnen haben Sie natürlich immer das Problem, das diese zweimal im Jahr läufig wird, es sei denn, Sie erwerben gleich eine kastrierte Hündin; viele Tierschutzvereine lassen Hündinnen und auch Rüden vorher kastrieren, bevor sie diese an ihre neuen Besitzer abgeben.

**Der zugelaufene Hund**

Im Gegensatz zu den südlichen Ländern Europas findet man frei lebende Hunde in Deutschland nur sehr selten. Doch kommt es manchmal vor, das Hunde von zu Hause oder auf einem Spaziergang, vor allem, wenn Wildtiere im Spiel sind, weglaufen und längere Zeit nicht mehr wiederkommen.

Manche Hunde finden, wenn sie sich genug ausgetobt haben, den Weg nach Hause alleine zurück, andere jedoch nicht oder sie werden von Spaziergängern aufgegriffen.

Der Fall, das der Hund auch von einem Jäger oder Förster erschossen wird, kommt Gott sei Dank immer weniger vor, aber dennoch gibt es das noch in Deutschland.

Findet man einen solchen Hund, so informiert man zunächst die Polizei und die umliegenden Tierschutzvereine. Falls dort keine Suchmeldung vorliegt, kann man den Hund erst einmal behalten, vorausgesetzt man ist überhaupt in der Lage, einen Hund zu halten.
Ist der Hund in einem schlechten, verwahrlosten Zustand, kann man davon ausgehen, das der Hund schon längere Zeit unterwegs ist und möglicherweise auch von seinem ehemaligen Besitzer ausgesetzt wurde, vor allem, wenn er kein Halsband um hat.

Viele Hunde haben heute einen Namensanhänger am Halsband oder sind mit einem Chip versehen. Dann lässt sich sein Besitzer in der Regel schnell identifizieren.

Findet sich jedoch für längere Zeit niemand, dem der Hund gehört, so können Sie, natürlich nur, wenn Sie es wollen, den Hund behalten.

Wenn sich dann innerhalb von sechs Monaten niemand bei Ihnen meldet, verfällt der Besitzanspruch des früheren Besitzers, dann gehört der Hund endgültig Ihnen.

## Der Hund vom Erstbesitzer

Es kommt auch vor, dass jemand seinen Hund aus den verschiedensten Gründen abgeben will, sei es wegen Umzug oder Krankheit, und er fragt zunächst in seinem Verwandten- und Bekanntschaftskreis nach, ob jemand den Hund übernehmen will.

Das hat zumindest den Vorteil, dass der neue Besitzer den Hund meistens schon kennt und man vom Erstbesitzer über alle Vor- und Nachteile des Hundes aufgeklärt werden kann.

Häufig kommt es auch vor, dass der Besitzer verstirbt und ehe der Hund in ein Tierheim kommt, sucht man nach einer Lösung in der Verwandtschaft oder bei Freunden und Bekannten.

So kam ich zu meinem ersten Hund, dem Dalmatinerrüden Cäsar, dieser Hund hätte sonst sehr schlechte Vermittlungschancen gehabt, da er fremden Menschen gegenüber äußerst aggressiv gewesen war.

Auch meinen zweiten Hund, die Samojedenhündin Shirley, welche mein erster Pflegehund gewesen war, habe ich dann ein Jahr später von ihrem Besitzer übernommen.

## Hunde aus dem Tierheim

Die meisten Interessenten für einen Hund aus „Zweiter Hand" werden sicherlich erst einmal das nächstgelegene Tierheim aufsuchen.
Dort werden sie allerdings oft mit apathischen oder als Gegensatz dazu mit hysterisch bellenden Hunden konfrontiert, was viele dann zurückschrecken lässt, sich einen derartigen Hund anzuschaffen.

Diese Verhaltensweisen zeigen aber nicht unbedingt das eigentliche Wesen der Hunde, die dort eingesperrt sind.
Natürlich, je länger ein Hund im Tierheim sitzt, umso mehr verändert sich sein Wesen und seine Vermittlung wird dadurch schwieriger.

Aber heutzutage gibt es in vielen Tierheimen für die verträglicheren Hund Auslauf in der Gruppe in größeren Gehegen sowie auch Spaziergänge durch freiwillige Helfer, um den Hunden sowohl Sozialkontakt untereinander zu ermöglichen als auch den Kontakt mit den Menschen zu fördern.

Obwohl die Tierheime meist voll belegt sind, sollten sie nicht unbedacht Hunde an neue Besitzer abgeben, sondern sich ausgiebig über die Eignung derselben informieren und die Tiere nur gegen einen Schutzvertrag und ein Entgelt abgeben.

## Hunde von kleinen Tierschutzvereinen oder privaten Tierhilfe Initiativen

Im Gegensatz zu den Tierheimen sind die Hunde bei den kleinen Tierschutzvereinen oder privaten Tierhilfe Initiativen in der Regel in Pflegestellen untergebracht, wo sie meist zusammen mit der Familie leben. So werden Sie auf ein künftiges Leben mit ihrem neuen Besitzer besser vorbereitet. Durch das Zusammenleben mit den Hunden bekommt man natürlich auch mehr über ihr Verhalten vermittelt.

Diese Hunde werden in Zeitungsinseraten in der regionalen Umgebung oder im Internet angeboten und die Tierschutzvereine schauen sich in der Regel die Interessenten für die Tiere genau an.
Auch hier werden die Tiere in der Regel nur gegen einen Schutzvertrag und eine Spende abgegeben, denn die Tiere kosten die Vereine viel Geld.

## Hunde aus südlichen Ländern

Vor allem in den südlichen Mittelmeerländern gibt es unzählige frei lebende Hunde, die auch oft schon in freier Wildbahn geboren wurden. Vor allem in den Urlaubszeiten überlegt sich so mancher Tourist, ob er einen solchen Hund mit nach Hause nehmen könnte. Viele dieser Hunde leben regelrecht von den Touristen, die sie in der Urlaubssaison füttern.

Oftmals werden solche Hunde von den örtlichen Behörden eingefangen und nach einer kurzen Frist getötet, wenn sich kein Besitzer einstellt, der das Tier zurück haben will, was meistens der Fall ist.
In einigen großen Urlaubszentren und auf den großen Inseln wie z.B. auf Mallorca gibt es Tierschutzorganisationen, die dort eigene Tierheime bzw. Auffangstationen betreiben, um die Tiere vor dem Tod zu retten.
Sie bringen auch einige dieser Hunde nach Deutschland, wo vor allem die kleineren unter ihnen eine größere Chance auf Vermittlung haben als in ihrem Heimatland.
Man muss aber auch bedenken, das jeder eingeführte Hund, egal ob aus Süd – oder Osteuropa, die Vermittlungschancen der in den deutschen Tierheimen bereits vorhandenen Hunde verschlechtert.

Große Hunde haben es generell schwieriger mit der Vermittlung, die Tierheime in Deutschland sind überfüllt mit großen Hunden, auch und gerade mit dem Lieblingshund der Deutschen, dem Deutschen Schäferhund und seinen Mischlingen.

Auch schwarze große Hunde haben es sehr schwer mit der Vermittlung, da viele Menschen vor solchen Hunden Angst haben. Ein heller Hund ist eher ein Sympathieträger und als solcher einfacher zu vermitteln.

Hunde aus südlichen und osteuropäischen Ländern sind oft krank und mit Zecken, Flöhen oder Würmern verseucht. Eine der Hauptkrankheiten ist die Leishmaniose (eine zwar behandelbare, aber dennoch unheilbare Krankheit – Leishmaniose ist auch auf den Menschen übertragbar), es ist also nicht ungefährlich, selbst einen Hund nach Deutschland zu importieren.

Am besten geschieht das über eine der im Ausland tätigen deutschen Tierschutzorganisationen, die den Hund vorher gründlich untersuchen.

Grundsätzlich ist jedoch besser, wenn man die Hunde vor Ort kastriert und dann wieder in ihren „ursprünglichen Lebensraum" bringt, denn nicht jeder Straßenhund ist „unglücklich" mit seiner Situation und kann durchaus überfordert sein, wenn er nach Deutschland gebracht wird und sich z.B. in einer Familie zurechtfinden muss, während er bislang ein selbständiges Leben auf der Straße geführt hat.

## Vorsicht vor Hundehändlern !

In manchen Anzeigen werden Hunde angeboten, die von Hundehändlern oder auch von uneinsichtigen Hundelaien produziert werden, die der Meinung sind, das eine Hündin einmal in ihrem Leben gedeckt werden muss. Man erkennt dies oft daran, dass Hunde verschiedener Rassen angeboten werden. Bei Besuchen findet man in der Regel keine Mutterhündin der Welpen, manchmal geben diese Händler auch zu, dass sie Hunde von fremden Hundezüchtern kaufen.

Allerdings verraten sie meistens nicht, wo diese Hunde gezüchtet werden – oft in Legebatterien ähnlichen Ställen in osteuropäischen Ländern. Solche Hunde haben kaum ausreichend Kontakte zu Menschen und anderen Tieren, daher darf man diese Hundehändler nicht unterstützen, indem ein Tier von ihnen kauft !

Es gibt genug Hunde in unseren Tierheimen, und oft landen dann Hunde aus solchen Verhältnissen später ebenfalls im Tierheim. Es kommt auch häufig vor, dass diese Tiere so krank sind, dass die Kosten für eine ausreichende Behandlung ins Uferlose steigen und die Tiere dann eingeschläfert werden müssen.

**Sie haben sich entschieden, ein Hund zieht bei Ihnen ein.**

Nun ist er da, der neue Hausbewohner, egal ob es ein Welpe ist oder erwachsenes Tier, für die ersten Wochen sollte immer jemand  für den Hund sein !

Hat man sich für einen älteren Hund entschieden, lässt man diesem in der neuen Umgebung erst einmal genügend Zeit, um diese kennen zu lernen. Besonders wenn das Tier noch ängstlich und schreckhaft ist, braucht es eine gewisse Zeit, bis es zutraulicher wird. Überschütten Sie den Hund daher nicht mit Liebesbeweisen, sondern lassen Sie den Hund auf sich zukommen. Wenn Kinder im Haus sind, bitten Sie diese um Rücksicht mit dem neuen Hausbewohner.

Ältere Hunde sind gegenüber einem Welpen in der Regel stubenrein (falls es sich nicht um einen reinen Zwingerhund oder einen frei lebenden Hund aus den südlichen oder osteuropäischen Ländern handelt).

Oft haben sie auch schon eine Erziehung erhalten, auch wenn diese sich in den meisten Fällen nur auf *Sitz* und *Komm her* beschränken wird. Aber dann ist zumindest eine Grundlage da, auf der man aufbauen kann.

Zeigen Sie dem Hund seinen neuen Ruheplatz, dieser sollte nicht im Schlafzimmer sein, auch wenn viele Menschen meinen, das wäre notwendig, da Wölfe und freilebende Hunde ja auch in der freien Natur zusammen liegen würden.
Doch auch hier gibt es eine Rangordnung und ranghohe Tiere bestehen durchaus auf einen Abstand zu den rangniedrigeren Tieren im Rudel, wenn sie ruhen möchten.

Eine ruhige Ecke im Flur oder ein gemütliches Plätzchen im Wohnzimmer ist ein guter Schlafplatz für den neuen Hausgenossen.
Bei Welpen kann man eine Ausnahme machen und sie die ersten Tage neben dem Bett schlafen lassen, solange sie noch nicht stubenrein sind und man in der Nacht noch des öfteren mit ihnen nach draußen gehen muss.

Ich empfehle Ihnen auch den Gebrauch eines sogenannten Home Kennels, eine je nach Hundegröße kleinere oder größere Box. Besonders wenn der Hund bereits als Welpe daran gewöhnt wird, kann man ihn später damit problemlos bei Reisen mitnehmen, sei es im Auto oder auch einmal im Flugzeug. Auch wenn der Hund einmal zu einem Hundesitter gegeben werden muss, ist das von Vorteil.

Der eine oder andere Hund aus „zweiter Hand", vor allem wenn es sich um einen selbstbewussten starken Rüden handelt, wird vielleicht nach den ersten Tagen der Eingewöhnung in seiner neuen Umgebung testen wollen, wer denn nun der wirkliche „Herr im Haus" ist.

Dann müssen Sie dem Hund durch ruhiges, überlegenes Handeln in der Wohnung von Ihrem höheren Rang überzeugen.
Einige Dinge sind dabei zu beachten, zumindest solange, bis der Hund ihre Autorität als Rudelführer anerkannt hat.

Das Futter wird z.B. an strategisch für den Hund uninteressanten Plätzen gegeben – auf keinen Fall in der Küche. In schwierigen Fällen lassen Sie den Hund Brocken für Brocken aus der Hand nehmen und fordern dazu jedes Mal ein *Sitz* von ihm !

Der Schlafplatz des Hundes sollte nicht an für ihn „wichtigen" Plätzen sein, wie z.B. in der Nähe der Eingangstür, sondern möglichst an einem für ihn wenig bedeutsamen Platz liegen, damit er nichts „zu verteidigen" hat.

Ziehen Sie in schwierigen Fällen baldmöglichst einen Fachmann bzw. eine Fachfrau zu Rate, ehe der Hund Ihnen über den Kopf wächst.

## Der Welpe

Vieles vom Vorgenannten trifft natürlich auch auf einen Welpen zu.
Bald nach der Ankunft des jungen Hundes sollten Sie mit ihm einen Tierarzt aufsuchen. Von Vorteil ist es, wenn man sich bereits vor der Anschaffung des Hundes darüber Gedanken gemacht hat und einen guten Tierarzt gefunden hat.
Empfehlungen anderer Hundebesitzer können bei der Auswahl dabei eine Hilfe sein.

Man sollte sich auch bereits nach einer guten Hundeschule umgesehen haben, wo man mit dem Hund die Welpenspiel - und Prägungsgruppe besuchen kann.
Denn viel Kontakt mit anderen Hunden ist für seine Entwicklung zum selbstsicheren und wesensfesten Hund unbedingt notwendig.

Auch der Kontakt mit anderen Hundebesitzern und deren Hunden ist zu fördern.
Dabei sollte man aber darauf achten, dass diese Hunde gutmütig. Bei halbstarken und sozial unsicheren Hunden sollte man in dieser Zeit vorsichtig sein, damit der junge Hund keine negativen Erfahrungen macht und Angst vor Artgenossen bekommt.

Besorgen Sie sich gute Hundebücher über Verhalten und Erziehung , damit sie von Anfang an gut informiert sind und mit der Erziehung ihres Hundes gleich beginnen können.

Denn Erziehung muss von Anfang an sein (damit ist nicht harte Ausbildung und Drill gemeint ), sondern die Erziehung im alltäglichen Umgang mit dem Hund.

Ernährungsempfehlungen für den jungen Welpen haben Sie wahrscheinlich vom Züchter oder vom Tierheim bzw. Tierschutzverein erhalten.

Gefüttert wird immer an einem bestimmten Platz, dieser sollte nicht im Flur/Eingangsbereich der Wohnung oder in der Küche liegen, damit der Hund später diesen Bereich nicht gegen Besucher verteidigt. Besonders geeignet für die Futtergabe sind übrigens Edelstahlnäpfe, diese sind leicht zu reinigen und vom Hund nicht zu zerstören.

An Spielzeug kann man für den jungen Hund ein großes Knotenseil anschaffen sowie gelegentlich einen großen Büffelhautknochen, damit er seinen Kaubedarf befriedigen kann.

Ein Plüschtier ohne verschluckbare Kleinteile wie z.B. Glasaugen kann man dem Hund ebenfalls in sein Körbchen legen.

Als Körbchen eignet sich für den Anfang ein stabiler Kunststoffkorb besser als ein Korb aus Weidengeflecht, da dieser haltbarer ist. Am besten stellt man den Korb in den ersten Tagen ins Schlafzimmer neben das Bett, so hat man den Hund besser unter Kontrolle und kommt seinem Bedürfnis nach Nähe zu seinem Menschen nach.

Anstelle eines Korbes kann man sich auch eine Box aus Kunststoff oder Metall (Home Kennel) mit verschließbarer Gittertür anschaffen, wenn man vorhat, mit dem Hund öfters zu verreisen. Diese Box ist wie eine Höhle für den Hund, in welcher er sich nach Eingewöhnung wohl fühlen wird.

Für den neuen Hausbewohner muss man auch eine Reihe von Pflegeutensilien anschaffen, Kämme und Bürsten je nach Hundetyp und nicht zu vergessen eine Zeckenzange.

Die ganze Wohnung muss auf Hundetauglichkeit überprüft werden, Elektrokabel aus dem Weg geräumt werden und Steckdosen eventuell gesichert werden. Auf dem Boden stehende Pflanzen, die der Hund umwerfen kann, müssen in sichere Höhe verfrachtet werden. Eventuell müssen auch Treppen mit Schutzgittern abgesichert werden. Ist ein Garten vorhanden, macht es dem Welpen große Freude, alles genau zu untersuchen. Man darf den Hund auch hier nur unter Aufsicht in den ersten Monaten alleine lassen.

# Die Bindung zwischen Mensch und Hund

Hunde sind hoch sozialisierte Rudeltiere, wie Ihnen vielleicht schon bekannt ist. Wie ihre wilden Vorfahren und Verwandten, die Wölfe, brauchen sie ein gutes Verhältnis untereinander im Rudel. Und das Rudel für den Hund ist sein Mensch und dessen Familie. Eventuell ist auch schon ein zweiter Hund oder ein anderes Haustier wie z.B. eine Katze im Haushalt, dann haben wir ein gemischtes Rudel aus Menschen und Tieren, mit denen der Neuankömmling eine Beziehung aufbauen muss.

Um eine schnelle Bindung zu dem Hund aufzubauen, ist es notwendig, sich viel mit ihm zu beschäftigen und aktiv mit ihm seine neue Umwelt zu erleben. Dabei muss der Hund von Anfang an lernen, das der Mensch der Rudelführer ist und rangmäßig über ihm steht. Auch die anderen menschlichen Mitglieder des Hausstandes müssen als ranghöher vom Hund anerkannt sein.
Babys und Kleinkinder sind davon ausgenommen, also diese niemals alleine mit dem Hund lassen !
Es müssen von Anfang an klare Regeln diesbezüglich gültig sein, dann bildet sich schnell ein beiderseitiges Vertrauen und eine enge Bindung zueinander.

Dabei müssen dem Hund aber auch Freiräume bleiben, damit er nicht zu einem unterwürfigen Sklaven seines Herrn wird oder ein sogenannter Schattenhund, der seinem Herrn überall hin folgen will und nicht alleine gelassen werden kann.

Der Hund sucht immer die Anerkennung seines Rudelführers und möchte Erfolgserlebnisse haben.
Darauf baut die Erziehung auf. Variantenreiches Spielen mit dem Hund z.B. mit einem Ball oder dem Superspielzeug Kong fördert die Bindung zu seinem Menschen.
Diese Spiele dürfen aber nicht ausarten und müssen sozusagen auf dem Höhepunkt vom Rudelführer beendet werden.

In diese Spiele sollte man immer kleine Übungen wie z.B. *Komm Hierher*, *Sitz* und *Platz* einfügen, um die Unterordnung des Hundes zu üben und zu festigen.
Bei großen und dominanten Hunden sollte man von sogenannten Zerrspielen, z.B. mit dem Knotenseil, absehen bzw. diese rechtzeitig mit dem Kommando *Aus* abbrechen, um dem Hund keine Möglichkeit zu geben, die Rangordnung in Frage zu stellen.

## Erziehung ist notwendig

Weshalb sollte man als Hundehalter seinen Hund eigentlich erziehen ?

Nun, er sollte sich im Alltag an der Seite seines Herrchens oder Frauchens sicher bewegen können und im Freilauf keine Menschen, Hunde oder andere Tiere belästigen. Er sollte freudig auf Zuruf kommen und in allen möglichen Situationen, sei es auf dem Land oder in der Stadt, gelassen sein.
Er sollte vor allem nicht an der Leine zerren, was leider die meisten Hunde, die ich kenne, machen.

Im Zusammenleben mit seinem Besitzer bzw. seiner Besitzerin sollte eine klare Rangordnung herrschen, um größere Probleme zu vermeiden.
Hunde sind nun einmal Rudeltiere und als Raubtiere haben Sie auch ein natürliches Aggressionspotential.

Aggression ist im Prinzip auch nichts schlechtes, denn es gehört zum natürlichen Sozialverhalten der Hunde und ihrer Vorfahren, der Wölfe. Aggression (Drohverhalten, Angriffs - und Verteigungsformen, auch das Unterwerfungs/Beschwichtigungsverhalten) ist für das Zusammenleben im Rudel wichtig im Wettkampf um die Ressourcen wie Futter, Partner etc. und soll eigentlich eher gefährliche Auseinandersetzungen wie Beschädigungskämpfe innerhalb des Rudels verhindern.
Einem großen, wenn nicht sogar dem größten Teil unserer Haushunde werden heute sehr viele Privilegien eingeräumt, die in einem natürlichen Hunderudel nur den ranghöchsten Mitgliedern zustehen, also z.B. in einem Wolfsrudel die Alphawölfin und der Alphawolf.

Der Hund ist von seiner Abstammung her ein Wolf, wenngleich sich einiges im Laufe der Jahrtausende (der Hund lebt mit dem Menschen seit ca. 15.000 Jahren, wenn nicht sogar noch länger, zusammen in einer Gemeinschaft) in seinem Aussehen verändert hat, was sich in seiner Vielfalt der Rassen und Mischungen widerspiegelt, und auch in seinen Anpassungsfähigkeiten im Zusammenleben mit dem Menschen zeigt.

In einem Wolfsrudel herrschen klare Rangordnungen, wobei die Alphawölfe in freier Natur das Rudel führen, welches sich in der Regel aus den eigenen Nachkommen zusammensetzt.

Daher gibt es hier auch im Gegensatz zu Gehegewölfen, die meistens nicht aus verwandten Tieren bestehen, viel weniger Aggressionen und ernsthafte Auseinandersetzungen, als man früher angenommen hat.

Es gilt also für uns Hundebesitzer/innen, unserem Hund einen gewissen Grundgehorsam beizubringen und falls bereits vorhanden, ein unerwünschtes Verhalten ab zu gewöhnen. Dabei ist es wichtig, das man immer konsequent dabei vorgeht.

Ein erwünschtes Verhalten muss man fördern = belohnen,
ein unerwünschtes Verhalten muss man ignorieren.

Man sollte vor allem als Hundeanfänger aufpassen, dass einem der Hund nicht manipuliert, was sehr leicht geschehen kann.

Oft setzen Hunde ihren Willen durch, ohne das sein Besitzer das so richtig mitbekommt.

Der Hund kommt mit seinem Lieblingsball zu Herrchen oder Frauchen gelaufen und wirft den Ball diesem vor die Füße. Man bückt sich und wirft den Ball und schon hat der Hund seinen Willen durchgesetzt.

Abends beim Fernsehen, kaum hat man sich im Sessel oder auf dem Sofa niedergelassen, kommt unser lieber Hund an und legt seinen Kopf auf Herrchens oder Frauchens Bein.
Dazu schaut er oder sie uns mit einem sehnsüchtigen Blick in die Augen und schon streicheln wir fast automatisch unseren Hund. Wieder hat der Hund bekommen, was er wollte.  Der Hund wird in diesen Fällen aktiv und wir reagieren in seinem Sinne !

Es sollte aber anders herum sein, wir werden aktiv und der Hund reagiert auf uns.
Also ignorieren wir unseren lieben Hund mit seinem Ball im Maul und warten bis er sich davon trollt.

Zehn Minuten später holen wir den Ball und rufen den Hund zu uns, werfen den Ball und erfreuen uns daran, wie er diesem nach saust.

Wir beenden auch dieses Spiel, d.h. z.B. nach dem vierten oder fünften werfen des Balles nehmen wir diesen und legen ihn auf einen für den Hund nicht erreichbaren Platz.

Genauso machen wir das abends im Fernsehsessel. Nach einer Weile rufen wir den Hund zu uns und streicheln ihn ausgiebig.

Wenn es genug ist, teilen wir das unserem Hund mit, z.B. mit *genug, geh auf deinen Platz*.

Viele Hunde liegen gerne auf erhöhten Plätzen, also z. B. auf einem Sofa.
Wenn ihr Hund diesen Platz ohne Probleme räumt, wenn Sie sich darauf niederlassen wollen oder es ihm einfach nur anweisen, herunter zu gehen, können Sie das gerne beibehalten.

Kommt es aber zu Problemen, kommt es zu Drohverhalten des Hundes Ihnen gegenüber, müssen Sie das unterbinden.
Direkte „Gewalt" dürfen Sie dabei nicht ausüben, sondern den Hund z.B. dazu veranlassen, das er den Platz freigibt, in dem sie den Sessel oder das Sofa anheben und dann den freigewordenen Platz z.B. mit einer Einkaufskiste etc. zustellen.
Dann wird der Hund angewiesen, auf seinen Liegeplatz, also in sein Körbchen oder Decke zu gehen. Das kann ein länger währender Prozess werden, wobei sie konsequent bleiben müssen.

Im Bett, wie das leider doch des öfteren vorkommt, hat meiner Meinung nach kein Hund etwas verloren.

„Dominante" Hunde liegen auch gerne ihren Besitzern im Weg herum und oft machen diese dann einen Umweg oder steigen über sie hinweg - sofern sich das dominante Hunde überhaupt gefallen lassen. In einem solchen Fall müssen Sie unbedingt darauf bestehen, das der Hund aufsteht und Ihnen den Weg frei macht.

Dann gilt auch, das, wenn Sie mit dem Hund die Wohnung verlassen oder betreten, dieser sich zunächst hinsetzt und sie vor ihrem Hund die Wohnung betreten oder verlassen.
Anschließend rufen Sie ihren Hund zu sich und loben ihn.

Heutzutage wird unter Hundehaltern und Hundetrainern viel über den Begriff Dominanz diskutiert und gestritten, oft wird der Begriff ganz abgelehnt, dabei wird er aber unter Wissenschaftlern durchaus noch verwendet. Allerdings ist man mittlerweile der Meinung, das ein Hund nicht automatisch nach der Herrschaft im Rudel strebt.

Viele Probleme kommen daher, das Hundehalter meinen, Autorität und Führungsanspruch gegenüber dem Hund seien nicht mehr zeitgemäß und nur nach Harmonie in der Beziehung zu ihrem Hund streben wollen.
Doch ein Hund ist auf einen „Rudelführer" , vor dem er „Respekt/Achtung", aber nicht Angst, hat, angewiesen.

Festigen Sie ihr Verhältnis zum Hund, indem Sie ihn öfters streicheln und überall am Körper anfassen und bürsten können.
Denken Sie immer daran, Sie leben in einem gemischten Rudel aus Mensch(en) und Hund(en). D.h., das sich eine gegenseitige Verständigung untereinander erst im Lauf der Zeit entwickeln kann.

Ein Mensch verhält sich nun einmal anders als ein Hund, er hat eine andere Gesichtsmimik, er bewegt sich auch anders als ein Hund.
Das kann so anfangs des öfteren zu Missverständnissen führen, bis sich beide Seiten aufeinander eingestellt haben.
Aber unsere Hunde sind ebenso wie wir Menschen äußerst lern- und anpassungsfähig.
Und beide, Hund wie Mensch, lernen eigentlich immer wieder neues dazu !

Wichtig ist, dass man sich bei der Erziehung seines Hundes immer konsequent verhält.

Der Rudelführer bestimmt den Weg in allen Bereichen - auch wörtlich zu nehmen auf den Spaziergängen. Läuft der Hund z.B. auf einem bekannten Weg weit voraus, sollte man einfach umdrehen und einen anderen Weg gehen.
Der Hund wird dann in der Regel schnell folgen, wenn sich bereits eine gute Bindung zu ihm aufgebaut hat. Es hat niemals Sinn, hinter einem Hund herzulaufen, denn der ist immer schneller als der Mensch.

## Was tun, wenn man einmal ohne den Hund verreisen möchte ?

### *Der private Hundesitter*

Für jeden Hundehalter ist es optimal, wenn er einen guten Hundesitter, am besten an seinem Wohnort oder in der näheren Umgebung hat. So ist er neben geplanten Urlaubsreisen, wo er seinen Hund nicht mitnehmen kann wie z.B. bei Flugreisen auch für andere Fälle wie z.B. bei Krankheiten gut gerüstet.

In den meisten Fällen wird es sich dabei um Verwandte, Bekannte oder Nachbarn handeln, denen man kurzfristig oder auch für längere Zeit seinen Hund anvertraut.
Dabei darf es allerdings nicht dazu kommen, dass der Hundehalter seinen Hundebetreuer ausnutzt und man sich auch nicht immer darauf verlässt, das dieser den Hund jederzeit bei sich aufnehmen kann. Man muss eine solche Beziehung zwischen Hundehalter und Hundebetreuer langsam aufbauen und dem Hundebetreuer ausgiebig Gelegenheit geben, den zu betreuenden Hund und seine Eigenarten und Gewohnheiten kennen zu lernen.

Dabei hängt es natürlich auch davon ab, ob dieser bereits über Erfahrungen mit Hunden verfügt, ob er selbst einen Hund hält oder ob es sich um einen „Neuling" in der Hundebetreuung handelt.
Im Normalfall ist ein solcher Hundesitter eine erwachsene Person, Kinder und Jugendliche sollte man einen Hund nicht alleine betreuen lassen.

Der Hundehalter sollte mit seiner Versicherung klären, ob in seiner Hundhaftpflichtversicherung ein Versicherungsschutz für private Hundesitter mit versichert ist !


## *Professionelle Hundebetreuung*

Angebote für eine professionelle Hundebetreuung gibt es vor allem in den größeren Städten, oft allerdings nur als reine Ausführtätigkeit von Hunden für berufstätige, alte oder kranke Menschen. Manche dieser Betreuer nehmen auch einen oder zwei Hunde in Pension oder kommen ins Haus als sogenannte Haushüter, es gibt da viele Schattierungen.

Auch hier gilt es, eine gemeinsame Basis des Vertrauens aufzubauen.

Bei einer professionellen, also gewerblichen Hundebetreuung sollte man am besten einen schriftlichen Vertrag über die Betreuung seines Hundes aufsetzen, in dem alles wichtige geregelt wird, die Eigenarten und Gewohnheiten des Hundes, sein Futter, Tierarztbesuche und natürlich auch das Finanzielle.

Eine gewerbliche Hundebetreuung sollte eine eigene Betriebshaftpflichtversicherung besitzen, da manche Versicherungen im Versicherungsfall dem Hundehalter entstandene Schäden nicht oder nur teilweise ersetzen, wenn er seinen Hund einem professionellen Hundebetreuer anvertraut.

## Die Hundepension

Finden Sie niemanden, der ihren Hund betreuen kann , müssen Sie sich rechtzeitig um einen Platz in einer Hundepension bemühen, am besten ist es, man besucht rechtzeitig einige in der näheren und vielleicht auch weiteren Umgebung liegende Pensionen und sucht sich dann diejenige aus, wo man ein gutes Gefühl hat, dass der Hund gut aufgehoben ist (bitte nicht nur nach dem Geldbeutel schauen und die billigste Möglichkeit wählen).

Melden Sie ihren Hund dann rechtzeitig an, denn auch größere Hundepensionen können nur eine begrenzte Zahl von Hunden aufnehmen und vor allem für die Ferienzeiten sind gute Hundepensionen schon früh ausgebucht.

## Der Hund darf mit in den Urlaub

Will man den Hund mit in den Urlaub nehmen und fährt mit dem Auto, ist dies relativ problemlos möglich, wenn der Hund gerne Auto fährt und man im Inland bleibt.
Man sollte an regelmäßige Pausen, alle zwei bis drei Stunden denken und dann mit dem Hund ein Stückchen laufen, das tut Mensch und Hund gut.
Mitnehmen sollte man auf jeden Fall den Impfpass, falls man am Urlaubsort einmal einen Tierarzt aufsuchen muss.

Bei Reisen im europäischen Ausland muss man sich rechtzeitig nach den Einreisebestimmungen erkundigen, manche Länder fordern z.B., dass der Hund einen Maulkorb trägt oder ständig an der Leine gelassen werden muss.

## Mehrhundehaltung
## Der Zweit – oder Dritthund

In der Regel ist ein einzelner Hund, der mit seiner Familie in Harmonie lebt und körperlich ausgelastet ist, ein zufriedener Hund und glücklich mit seinem menschlichen Rudel.

Wenn er dazu noch genügend Gelegenheit bekommt, mit anderen Hunden Kontakt aufzunehmen und zu spielen (sofern er denn spielen will, viele Hunde sind als erwachsener Hund gar nicht mehr daran interessiert), so kann man von einer guten und artgerechten Haltung des Hundes sprechen.

Gewisse Hunderassen wie z.B. die nordischen Schlittenhunde fühlen sich allerdings in der Regel wohler, wenn sie in hündischer Gesellschaft sind, da sie ursprünglich von den Naturvölkern im hohen Norden immer in der Gruppe und als Arbeitshunde vor dem Schlitten oder bei der Jagd gehalten wurden.

Auf keinem Fall sollte man sich aber einen zweiten Hund ins Haus holen, wenn man aus irgendeinem Grund mit seinem bisherigen Hund unzufrieden ist oder für diesen keine Zeit hat.
Wenn man denkt, das mit der Anschaffung eines zweiten Hundes alles besser würde, wird man in vielen Fällen erleben, dass die Probleme eher größer werden.

Ich habe das schon öfters erlebt, der bereits vorhandene Hund bessert sich nicht, sondern bringt dem Neuankömmling seine Unarten bei (der Neue schaut sich so manche Verhaltensweise vom Althund ab, vor allem wenn der Alte der Ranghöhere und der Neue jünger ist).

Auch mit dem Freilauf der Hunde kann man schnell Probleme bekommen, wenn einer der Hunde z.B. gerne auf die Jagd geht, dann ist der zweite Hund oftmals mit dabei.

Natürlich kann sich der Neuankömmling auch positives vom bereits vorhandenen Hund abschauen, wie z.B. das herankommen auf Ruf oder Pfiff, wenn der Alte zuverlässig gehorcht.
Wichtig sind auch die finanziellen Aspekte, da zwei Hunde meistens sogar mehr als das doppelte kosten, denkt man nur an die erhöhte Hundesteuer des zweiten Hundes, die man in den meisten Gemeinden zu bezahlen hat. Futter, Tierarztbesuche, Ausstattung mit Leine, Körbchen, Spielzeug etc. und nicht zuletzt die Haftpflichtversicherung zählen doppelt.

Auch an den Urlaub ist zu denken, wenn man die Hunde nicht mitnehmen kann und man keinen privaten Hundesitter in der Familie oder Nachbarschaft hat, wird es teuer, die Hunde in einer Hundepension unterzubringen.

Oftmals ist es notwendig, bei größeren Hunden ein entsprechendes Auto wie z.B. einen Kombi oder Van/Kleinbus anzuschaffen.

Bei zwei oder sogar drei und mehr Hunden muss man auch ein Auge auf die Rangfolge der Hunde haben. Diese wird sich in der Regel automatisch unter den Hunden einrichten und man sollte sie nicht wissentlich in Frage stellen.

Immer jedoch muss klar sein, wer der Boss im Rudel ist, nämlich Sie als Hundehalter, dann die restlichen Familienmitglieder und dann erst die Hunde (ausgenommen sind kleine Kinder, diese werden von den Hunden nicht als ranghöher erkannt und behandelt, Babys der eigenen Familie fallen jedoch meistens unter den Welpenschutz , aber wie auch bei den Hundewelpen nicht in jedem Fall bzw. bei jedem Hund).

Relativ unproblematisch ist die Haltung eines Rüden und einer Hündin.
Probleme gibt es eher bei gleichgeschlechtlichen unkastrierten Hunden, besonders bei Hündinnen, vor allem wenn eine davon läufig geworden ist. Hündinnen können sich bei Kämpfen untereinander eher gefährliche, ja sogar tödliche Verletzungen beibringen als Rüden.

## Ernährungs- und Pflegehinweise

Hunde sind in den meisten Fällen gute Esser und fressen so ziemlich alles.
Vom Züchter, Tierheim oder der Pflegestelle haben Sie in der Regel Ernährungsempfehlungen für den Hund mitbekommen. Bleiben Sie am Anfang dabei, später können Sie auf ein Futter ihrer Wahl umstellen, falls es einmal notwendig sein sollte.

Tischabfälle sollte ein Hund normalerweise nicht bekommen, da unsere Speisen gewürzt sind. Schweinefleisch darf der Hund nicht roh verzehren, da ihm sonst die tödliche Aujeszkysche Krankheit (Herpesviruserkrankung mit Symptomen wie bei der Tollwut, deshalb auch Pseudowut genannt) droht.

Mit Knochen soll man sparsam und vorsichtig umgehen, da Hunde zu Verdauungsstörungen und Verstopfung neigen können. Röhrenknochen von Geflügel sind auf jeden Fall tabu, da Hunde wegen der Splittergefahr solcher Knochen sich leicht verletzen und sogar ersticken können.
Geben Sie ihrem Hund lieber einen Büffelhautknochen oder einen modernen Stick für die Zahnreinigung zum kauen.
Bei einem zu Übergewicht neigenden Hund ziehen Sie diese Gaben sowie andere Leckerlis bitte vom täglichen Futterbedarf ab.

Füttern Sie erwachsene Hunde am besten zweimal täglich, einmal nach dem Morgen – und einmal nach dem Nachmittagsspaziergang, damit der Hund anschließend ruhen kann.

Bei großen und lebhaften Hunden verringern Sie so auch die Gefahr einer Magenumdrehung, zu welcher manche Rassen wie z.B. Berner Sennenhunde oder Doggen mehr neigen als andere.

Da Hunde von Natur aus Fleischfresser sind, sollten Sie von einer rein vegetarischen Nahrung absehen.
Rohfütterer (Barfer) müssen besonders sorgsam die Hundemahlzeiten zusammen stellen, gegebenenfalls ist ein Nahrungsergänzungsmittel bei zu geben.

Am besten ist eine Mischkost aus einem guten Basistrockenfutter und Zugabe von gekochtem Fleisch oder guter Dosennahrung. Wasser sollte dem Hund immer täglich frisch zur Verfügung stehen.

Bei der Fell- und Körperpflege kommt es darauf an, ob Sie einen kurzhaarigen oder einen langhaarigen Hund haben. Manche Hunde haben ein besonders dichtes Fell, das ständig gekämmt und gebürstet werden muss, besonders ihr Hinterteil muss regelmäßig frei geschnitten werden, damit es nicht verschmutzt.

Manchmal muss ein Hund auch gewaschen oder gebadet werden, wenn er sich z.B. in einem besonders apart riechenden Stück Aas oder in frisch ausgefahrenem Mist gewälzt hat. Machen Sie das aber nicht bei kleineren Verschmutzungen, damit er nicht durch das dabei verwendete Shampoo seinen natürlichen Hautschutz durch das Hautfett einbüßt.

Mittlerweile kommt es auch „in Mode", das man seinem Hund täglich die Zähne putzt, aber ich denke, dabei profitiert vor allem die Hundepflegemittelindustrie.

Normalerweise reicht es aus, wenn der Hund regelmäßig etwas kräftiges zum kauen bekommt, um die Zahnsteinbildung in Grenzen zu halten.
Wenn es denn wirklich in manchen Fällen sein muss, das der Hund eine regelmäßige Zahnpflege nötig hat, besprechen Sie mit ihrem Tierarzt, wie sie dabei vorgehen müssen.

Gelegentlich sollten Sie auch einmal nach den Krallen ihres Hundes schauen. Wenn er ausreichend Gelegenheit hat, sich zu bewegen und aus zu lasten, dürfte es mit zu langen Krallen kaum Probleme geben.

Aber ältere Hunde oder Hunde, die ihr Leben meist in den vier Wänden mit ihren Besitzern zusammen verbringen, müssen doch manchmal die Krallen gekürzt bekommen. Wenn es möglich ist, sollten Sie das bei ihrem Tierarzt machen lassen, da man doch leicht zu viel abschneiden kann.

Schauen Sie regelmäßig bei ihrem Hund nach Parasiten wie Zecken oder Flöhen nach, benutzen Sie bei Zecken eine gute Zeckenzange und verwenden Sie kein Öl, damit das Tier in seinem Todeskampf nicht erst recht eventuell vorhandene Borrelien ausscheiden kann.

Entdecken Sie Flöhe bei ihrem Hund, müssen Sie, auch wegen der Bandwurmgefahr, diese sofort bekämpfen. Und die Umgebung ihres Hundes wie Liegeplätze, Decken etc. müssen sie ebenfalls behandel
Gegen Zecken und Flöhe gibt es heute gut wirksame Mittel, die im Nacken und bei größeren Hunden auch noch am oberen Hinterteil auf die Haut gebracht werden und dann von den Blutsaugern über das Blut aufgenommen werden. Zecken und Flohhalsbänder sind oft nicht ausreichend oder lange genug wirksam.

Denken Sie auch neben der alljährlichen Impfung gegen die gefährlichsten Hundekrankheiten an eine regelmäßige Entwurmung ihres Hundes, vor allem wenn Kinder im Haus sind oder der sehr aktiv ist und viel Kontakt mit anderen Hunden hat.

# Inhaltsverzeichnis

# Das neue Fotobuch
# von Michael Moos

# Einblicke in mein Leben
# mit den Hunden

**ISBN 978 375 832 2518**
**Fotobuch , Großes A4 Format ,72 Seiten**
**Farb und SW Fotos**
**120g Fotomattpapier – Preis: 24,99 €**

**Das besondere Geschenk für Hundefreunde**

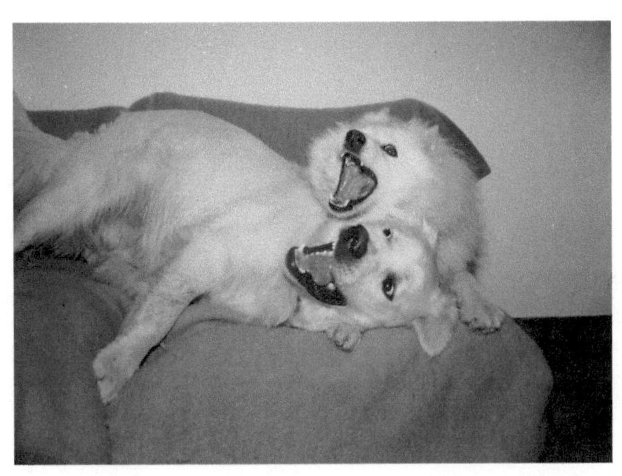